ДЕРЕК ПРИНС

БЛАГОДАТЬ УСТУПЧИВОСТИ

2018

Все выдержки из Нового и Ветхого Заветов
(кроме отмеченных особо) взяты из
Синодального перевода Библии на русский язык.

Derek Prince
THE GRACE OF YIELDING

Дерек Принс
БЛАГОДАТЬ УСТУПЧИВОСТИ

Переведено и издано
Служением Дерека Принса в Украине

ISBN-13: 978-1-78263-695-3

ДПМ-Украина
а/я 50
Светловодск
27500

электронная почта:
dpmukraine@gmail.com

посетите наш сайт в интернете:
DerekPrinceUkraine.com

по вопросам приобретения
обращайтесь по телефонам:

+38-097-77-26-482 KievStar
+38-093-02-78-939 Life
+38-066-28-64-926 Vodafone (MTC)

DEREK
PRINCE
MINISTRIES
UKRAINE-CENTER

СОДЕРЖАНИЕ

БЛАГОДАТЬ УСТУПЧИВОСТИ

Верю, что Господь побуждает меня порассуждать вместе с вами на тему особой благодати в нашей жизни, которую я назвал бы благодатью уступчивости. Но, с самого начала я должен подчеркнуть, что есть вещи, в которых мы, как христиане, не должны уступать. Я не верю, что нам следует когда-либо уступать сатане, потому что Писание говорит нам: «Противостаньте дьяволу, и убежит от вас». Я также не верю, что мы когда-либо должны уступать греху, потому что в шестой главе Послания к Римлянам сказано, что нам не следует предавать (уступать) членов своих греху. Однако в нашей жизни встречаются обстоятельства и ситуации, которые благополучно разрешатся только после того, как мы научимся уступать.

Умение уступать, – я нахожу это признаком зрелости, который ищу у себя и высоко ценю у других. Недавно я слушал одного молодого проповедника, который обильно благословлен Богом. Это прекрасный молодой человек, и Бог многое сделал в его жизни. Но вся его проповедь была посвящена тому, что бы он мог совершить. Я сидел там и думал: «Брат мой, всё это хорошо. Однако я бы хотел посмотреть на тебя, когда ты придешь к концу того, что ты можешь». Потому что у Господа есть место, где мы должны прийти к концу нашей способности делать что-либо. И речь не только о том, что мы можем делать благодаря нашим естественным способностям или образованию, но даже в духовном служении, которое было истинно даровано нам Богом. Даже в этом, по Божественному провидению, мы доходим до такого места, где не можем делать больше ничего. Беда многих людей – в том, что они так и не усваивают этот урок.

Моё послание к вам основывается на результатах труда, который Бог осуществлял в моей жизни на протяжении многих лет, и я убежден, что Он еще не закончил Своей работы. Мы обратимся к ряду мест Писания, а после этого я приведу вам несколько примеров.

МЕРА ДУХОВНОЙ СИЛЫ

Первое наше место Писания – это Послание к Римлянам 15:1:

Мы, сильные, должны сносить немощи бессильных и не себе угождать.

Здесь, как я верю, мы находим библейский критерий силы. Сила измеряется не тем, как много я могу сделать. В действительности, она – в том, насколько много немощей других людей я могу переносить. Очень приятно быть сильным в своих собственных способностях, в своем собственном служении, в своем собственном жизненном опыте, быть человеком, имеющим ответы на все вопросы, но, на самом деле, это не требует большой духовной силы. Духовная сила нужна, чтобы сносить слабости других. Я верю, что духовная сила измеряется Богом и Писанием соответственно тому, насколько мы способны поддерживать других людей и сносить их слабости. Для меня лично это никогда не было легко.

Павел говорит: «*Мы, сильные, должны сносить немощи бессильных и не себе угождать*». Как раз такое отношение противоположно духу нынешнего века. Дух этого века говорит: «Бери от жизни для себя всё, что сможешь. Предоставь слабым самим заботиться о себе».

Недавно я размышлял над проблемой абортов, которые лично для меня являются наиболее ужасным и неприемлемым злом. Однако если вы будете говорить об этом, то аборты будут оправдывать тем, что благодаря этому на свет не родились многие нежеланные дети, незаконнорожденные дети, дети из проблемных семей или дети плохих матерей. Мы просто умертвляем их до того, как они вышли из чрева.

Я узнал на опыте: что бы ни говорил по этому поводу американский Верховный Суд или кто-либо другой, Бог определяет это как убийство. Я убедился в этом на основании своего жизненного опыта и служения, и я верю, что эта тема очень ясно раскрыта в Писании.

Однако я хотел бы указать на следующее: как только мы начинаем оценивать вещи по тому, насколько они подходят нам, то вступаем на скользкий путь, ведущий к ужасному разложению и хаосу.

Очень быстро начинают возникать следующие вопросы: «А как относительно детей, рождающихся с неизлечимыми дефектами развития, жизнь которых не будет отличаться от жизни обыкновенного овоща? Почему мы должны оставлять таких детей жить?» В Калифорнии уже был случай, когда перед судом предстали родители, которые умышленно не кормили своего ребенка, родившегося безнадежно недееспособным, – они позволили ему просто умереть. Как только мы согласимся с таким отношением к подобным детям, то не пройдет много времени, и следующими окажутся люди престарелые, душевнобольные и т.д. И тогда мы будем во имя гуманности вычеркивать из жизни одну категорию людей за другой.

Но я хочу сказать вам, что такое решение проблемы не является христианским. И не просто потому, что аборты запрещены Богом, но потому, что отношение, которое стоит за этим, полностью не христианское. Мы не вычеркиваем из жизни слабых и даже не отправляем их с глаз долой в специальные учреждения для того, чтобы больше не вспоминать их и не заботиться о них.

Христиане первых веков отличались своей заботой о слабых. Они ухаживали за брошенными и больными. Они не вычеркивали их из жизни. И это то, что действительно впечатлило античный мир. Он не мог понять, что побуждает этих христиан заботиться о людях, которые ничего не могут дать и служат только обузой. Я пришел к выводу, что если мы отказываемся нести ношу бессильного, то это не сила – это слабость.

Люди бессильные, неспособные, которые являются немощными и слабыми верующими, – это те люди, которые служат для проверки нашей духовной силы. Мы, как христиане, не можем позволить себе жить по стандартам нынешнего века, и эта истина как никогда актуальна сегодня не только в Соединенных Штатах, но и в других странах мира. Если я христианин, то моим мотивом будет не поиск законной возможности избавиться от лишнего бремени заботы о ком-то. Моим мотивом будет желание делать то, чего хочет Иисус Христос. Как только мы начнем жить, стараясь угодить Иисусу, это неизбежно приведет нас к образу жизни, полностью отличающемуся от того, согласно которому живут невозрожденные люди вокруг нас. У нас не будет необходимости долго что-то доказывать из Библии – наш образ жизни сделает нас отличающимися.

ОТВЕРГНУТЬ СЕБЯ

Павел говорит: *«Мы не себе должны угождать»*. Знаете, чему я научился? – каждый раз, перед тем, как мне удается принести Богу какой-то плод и совершить угодное Ему, сначала я прохожу через что-то неприятное для себя. Я обнаружил такое неизменное правило: всякий раз, когда я угождаю себе, то не делаю ничего, что имело бы хоть какую-то ценность в глазах Бога.

Первое, что я должен сделать, – это отвергнуть себя. Отвергнуть свое эго, которое постоянно заявляет о себе, говоря: «Я хочу! Мне нравится! Мне кажется! Я считаю! Если бы вы спросили меня, то вот чего бы мне хотелось!» Я должен сказать своему эго: «Нет!»

Нет проблем с тем, чтобы понять, что такое – отвергнуть себя. Отвергнуть себя значит сказать себе: «Нет!» Всё, что вы должны сделать, это сказать себе «нет». И если вы не говорите себе «нет» и не продолжаете говорить себе это «нет» снова и снова, то не можете жить жизнью христианина. Вы не можете одновременно угождать и себе, и Христу. Это невозможно!

Иисус сказал в Евангелии от Луки 9:23:

Если кто хочет идти за Мною...

Таким образом, это касается каждого из нас.

...Отвергнись себя, и возьми крест свой, и следуй за Мною.

Что в первую очередь вы должны сделать, когда принимаете решение следовать за Иисусом? Во-первых, сделай что? «*Отвергнись себя...*». Вы не можете следовать за Иисусом, пока не примете решение сделать это. А после отвержения себя: «*Возьми крест свой...*».

В греческом оригинале здесь сказано: «*бери ежедневно*». Мне долго не нравилось слово «ежедневно». Я старался избегать этого стиха из девятой главы Евангелия от Луки, потому что я знал другой стих, где не сказано «ежедневно». Это – Евангелие от Матфея 16:24.

В то время моя теология и мое учение подчеркивали необходимость в том, чтобы однажды в жизни по-особенному встретиться с Крестом. И это совершенно правильно и соответствует Писанию. Но это ещё не всё. И здесь, в Евангелии от Луки 9:23, Иисус вставляет это маленькое уточнение: «*Бери ЕЖЕДНЕВНО крест свой...*». Я верю, что каждый день предоставляет христианину благоприятную возможность для того, чтобы взять свой крест. Если вы используете этот шанс, то проживете день с победой. Если упустите его, то у вас будет день поражения.

Но что такое «крест свой»? Мне очень понравилось высказывание Чарльза Симпсона по этому поводу: «Ваш крест находится там, где ваша воля пересекается с волей Божьей». Ваш крест – это то, где вам следует умереть. Это место, где вы можете положить вашу жизнь.

Когда Иисус шел на Голгофу, Он сказал: «Никто не отнимает Мою жизнь у Меня: Я имею власть отдать её, и власть имею принять её». В этом смысле никто не отнимает и у вас вашу жизнь. Если вы добровольно не положите её, она останется в ваших руках, вы будете продолжать контролировать её.

Ваш крест, дорогой брат, – это не ваша жена. Разве её надо «распинать», а затем носить каждый день? И это и не ваш муж, дорогая сестра. Это также и не ваша болезнь, которую вы не выбирали и от которой не можете избавиться. Ваш крест – это место и ситуация, в которых вы можете принять решение не угождать себе.

Из моего собственного опыта могу сказать вам, что всякий раз, когда я принимаю верное решение, проходя через внутреннюю борьбу, за этим приходит благословение. Именно тогда – и не раньше – я могу служить. Я не могу совершать служение, угождая себе. Мое ветхое «я» не может ничего дать другим. С ним необходимо разобраться прежде, чем служение

Божие будет проистекать из моей жизни. Причем, Иисус напоминает нам: «Вы должны делать это каждый день».

Много раз, – как вы, так и я, – оказывались в ситуации, когда Божья воля пересекается с нашей волей. Мы должны видеть в этом НЕ НЕСЧАСТЬЕ, а данный Богом ШАНС творить Его волю. В одном я могу заверить вас: если я сейчас проповедую об этом, то мне самому предоставится множество возможностей пройти через это на практике в течение ближайшего времени. И Бог, и дьявол позаботятся об этом, – я знаю это. Честно признаюсь, я дважды подумал, прежде чем проповедовать об этом! Потому что я вполне осознаю, что буду испытан в том, о чём учу.

ДУХ ХРИСТОВ

Этот принцип – брать свой крест и отвергаться себя ежедневно – полностью противоречит нашему естественному образу мышления. Это диаметрально противоположно тому, как мыслит обычный человек.

Мне бы хотелось привести пару других примеров из Писания, в которых я нахожу вызов, и которые побуждают к серьезным размышлениям. Первый пример, который мы рассмотрим без углубленного анализа его содержания, находится в 1-м Послании к Коринфянам 1:25:

Потому что немудрое Божие премудрее человеков, и немощное Божие сильнее человеков.

Вот так парадокс! Существует слабость, исходящая от Бога, которая сильнее, чем любая сила, имеющаяся у нас. Существует нечто немудрое, исходящее от Бога, которое мудрее любой мудрости, имеющейся у нас. И было что-то одно, в чем всё слабое и немудрое от Бога нашло своё полное выражение. Что же это? – Крест! В немощи и немудрости креста Христова Бог восторжествовал над всей силой и всей мудростью этого мира. Я верю, что Бог просит нас с вами научиться такой немощи и такой немудрости.

Мне никогда не приходилось прилагать каких-либо усилий, чтобы быть сильным, как личность. Более того, Бог благословил и использовал силу, которую я имею. Он же показал мне тот уровень, который я могу достичь своей собственной силой. Если бы я захотел, то мог бы остаться на нём, – никто не принуждал меня идти еще выше. И мне прошлось наблюдать множество людей и служений, которые остановились на этом. Немного позже я буду говорить о служении и том выборе, с которым встречается каждое служение.

Теперь давайте перейдем к другому стиху, затрагивающему эту тему, – Посланию к Римлянам 8:9:

Но вы не по плоти живете, а по духу, если только Дух Божий живет в вас. Если же кто Духа Христова не имеет, тот и не Его.

Обратите внимание, что в первом предложении речь идет о «Духе Божием», а во втором – о «Духе Христовом». Ни в коем случае речь не идет о каком-то различии между ними. Но я верю, что есть разница в способе проявления природы Божьей.

Во всей Библии «Духом Божьим» называется Святой Дух. Это – утвердившееся название третьей ипостаси Божества: Бог – Дух Святой – равный Отцу и Сыну, и говорящий в первом лице как Бог. Например, в Деяниях Апостолов

13:2 Святой Дух говорит пастырям церкви в Антиохии:

Отделите Мне Варнаву и Савла на дело, к которому Я призвал их.

Здесь мы видим Самого Бога – Духа Святого, использующего местоимение «Я» и говорящего в первом лице как Бог. Здесь особое ударение на силе и власти.

С другой стороны, я полагаю, что «Дух Христов» представляет Божественную природу, которая особенным образом была явлена в жизни Иисуса Христа. Она не может быть отделена от природы и личности Иисуса. Такого рода Дух, по словам Павла, отличает истинное дитя Божие: «Если же кто Духа Христова не имеет, тот и не Его».

Мне пришлось убедиться, исходя из опыта и личных наблюдений, что есть много людей, крещенных Духом Святым, говорящих языками, творящих чудеса, но мало являющих или совсем не проявляющих Духа Христова. Но ведь признак, делающий нас Божьими, – это не говорение языками, не сотворение чудес, даже не потрясающие проповеди. Это – наличие Духа Христа. Если бы меня спросили, что такое Дух Христов, то я должен был бы сказать, что это смиренный дух, кроткий дух, мягкий дух. Он определенно не надменный, не самоутверждающий, не самоугождающий.

И я верю: Дух Христов – именно Его наличие отличает истинных детей Божиих.

Мы слышим достаточно много учений о том, как востребовать свое наследие и получать то, что принадлежит нам. Я сам много раз проповедовал об этом на основании таких мест Писания, как 3-е Послание Иоанна, 2 стих:

Возлюбленный! молюсь, чтобы ты здрав-ствовал и преуспевал во всем, как преуспе-вает душа твоя.

Благодарение Богу, я верю в это! Однако знаете что? В глазах Бога вы преуспеваете не благодаря утверждению своих прав. Дух Христа не предъявляет требований на свои права. Я верю, что, действительно: процветание, здоровье, внутренний мир и благополучие души – это права нового творения во Христе. Но часто они нелегально присваивались ветхим человеком для своих собственных, эгоистических целей.

Когда сегодня я слышу, как люди говорят «брат, ты просто затребуй это», то внутренне содрогаюсь. Когда я слышу эти слова, у меня в голове возникает образ этакого самонадеянного «я», отстаивающего свои права.

Мне хотелось бы спросить вас, как бы вам понравилось жить рядом с тем, кто всегда «просто требует»? Хотя все мои требования могут быть вполне законными, все же внутри себя я устаю от таких законнических отстаиваний своего наследия во Христе.

Я действительно устаю от христиан, которые всё время говорят о том, как быть здоровыми и процветающими. Может быть, они действительно нуждаются в этом, но, брат и сестра, когда вы научитесь быть здоровыми и процветающими, это совсем не будет означать, что вы уже покинули духовный детский сад. Ваша сила – не в том, что вы имеете или можете показать. Ваша сила – в способности сносить немощи слабых. И это – большая разница.

Дух Христов – это Дух, Который подчиняется добровольно. И я верю, что Он Сам являет высший пример покорности. В этом – как раз тот аспект Его поведения, который наиболее ясно показывает различие между Ним и сатаной. В Послании к Филиппийцам 2:6 сказано об Иисусе:

Он, будучи образом Божиим, не почитал хищением быть равным Богу...

В другом переводе Библии этот стих гласит: «*Он не считал Свое равенство с Богом чем-то, что нужно захватить и удерживать*». Итак, здесь мы имеем полное отличие Иисуса от сатаны. Иисус по праву был равен с Богом. У Него была Божественная сущность, и Он имел на это Божественное право. Он не захватывал этого. Люцифер, который затем стал сатаной, не был равен с Богом, но он захотел захватить это, в результате чего рухнул вниз с шумом и грохотом. В этом заключается сама суть различия между захватыванием и подчинением. Я пытался определить, как много в наших отстаиваниях, требованиях и заявлениях прав отражается Духа Христова, а сколько приходит, по всей видимости, из совсем иного источника.

Я убежден, что харизматическое движение в ближайшем будущем столкнется лицом к лицу с этой проблемой. Мы должны научиться различать истинных и ложных пророков, истинных служителей и лже-служителей; тех, кто служит Богу в духе и истине, и тех, кто не желает следовать по этому пути. Чудеса не являются решающим показателем в этом различии. Основным признаком является Дух Христов: «*Если же кто Духа Христова не имеет, тот и не Его*» (Рим.8:9).

Знаете ли вы, что я думаю о харизматическом движении? Я верю, что это лишь интервал между двумя волнами. Когда одна волна спадает, а другая лишь приближается, то в пространстве между ними происходит вспенивание. Там толчея грязи и мусора, хаос и неразбериха, там действуют встречные потоки и круговороты. Это и есть харизматическое движение! Это совсем не то, чего Бог хочет достичь в конечном итоге! Поверьте мне. На смену этому приходит нечто иное, – упорядоченное, благочестивое, почитающее Христа. И оно будет побуждать к смирению, братской любви, и каждый будет почитать других более, нежели себя.

Я полностью убежден, что проходят дни, когда эталоном Божьего провидения для человека считался «муж веры и силы». Я говорю это без какого-либо критицизма в адрес людей, которые по праву носили такое звание. Нам необходимо осознать, что Бог действует различным образом в разное время. Он не всегда действует по одному образцу. Некоторые христиане не готовы принять это. Они находят формулу успеха, которая дает результат, и продолжают ее эксплуатировать до тех пор, пока в ней не останется никакой жизни.

Мне приходят на память слова Павла, обращенные к жителям Афин. Упоминая об их многовековом идолослужении, он сказал: «*Оставляя времена неведения...*» (Деяниях 17:30). Таким образом, Бог какое-то время сознательно смотрел сквозь пальцы на это неведение. Но затем говорится: «*...Бог ныне повелевает людям всем повсюду покаяться*».

Многие люди возражают: «Но Бог позволял мне это делать вот уже десять лет, и я собираюсь вести себя так и дальше». Нет, не получится! Бог раньше закрывал глаза на это, но теперь это не так. Он смотрит на это в упор и говорит: «Тебе лучше измениться». И когда Бог говорит о том, что вам лучше измениться, то мой совет – измениться! Если вы не измениться, то Бог найдет способ вразумить вас!

БЫТЬ ГОТОВЫМ УСТУПИТЬ

Теперь я хотел бы рассмотреть некоторые примеры уступчивости. Надеюсь, что я заложил правильный фундамент, потому что с самого начала сказал о том, что есть ситуации, в которых мы не должны уступать. Итак, давайте обратимся к третьей главе 3-й Книги Царств. В первой части этой главы Бог явился Соломону во сне и сказал: «Проси, что дать тебе». Я думаю, что довольно непросто быть в ситуации, когда Бог вдруг спрашивает тебя: «Чего ты хочешь? Скажи прямо сейчас и Я дам тебе это». И вы помните, что Соломон не просил богатства, славы, жизни своих врагов, но он попросил мудрости. Соломон сказал, как сказано в оригинале: «Даруй мне мудрое и слышащее сердце». Богу понравилась его просьба, и Он сказал: «За то, что ты попросил это, Я дам тебе и то, чего ты не просил».

Вскоре после этого произошел случай, когда две женщины-блудницы, жившие в одном доме, родили по ребенку. Детей они укладывали спать вместе с собой. И вот однажды ночью одна из женщин придавила телом своего ребенка, и тот умер. Тогда она подменила дитя у другой женщины. И утром они подняли спор о живом младенце. Каждая хотела взять его себе. Настоящая мать ребенка требовала отдать его, но женщина, чей ребенок умер, заявляла, что живой младенец принадлежит ей.

Поэтому они обратились к Соломону, чтобы он рассудил между ними: две женщины и один ребенок. Соломон выслушал дело. Настоящая мать говорит: «Это мой ребенок». Другая женщина настаивает: «Нет, он мой». Тогда Соломон сказал: «Остается только одно решение. Принесите мне меч. Я рассеку ребенка надвое, и каждая пусть получит половину». Женщина, которая не была матерью ребенка, сказала: «Правильно, рассеките и дайте мне мою половину». Однако настоящая мать не могла видеть, как умрет её дитя, и взмолилась: «Нет, отдайте ей ребенка, пусть он живет!». И Соломон сказал: «Это – мать ребенка!» В результате его мудрость стала известной по всему Израилю.

Урок очень простой. Если это ваше дитя, вы предпочтете отдать его другому человеку, чем видеть его смерть. Это истинная проверка. Часто в христианском служении происходит так, что кто-то производит на свет что-то, но находится другой человек, который оспаривает и пытается присвоить это себе. И там возникают споры и борьба.

Я мог бы называть имена за именами и случаи за случаями из истории последних тридцати-сорока лет. Это не теория, всё действительно так и происходит. Но истинная проверка заключается в том, что если это действительно ваше дитя, то вы предпочтете отдать его другой, чем видеть его смерть.

И мы много раз проходим это испытание. Буду ли я заявлять права на своё служение, на то, что это мой успех? Хочу ли я утвердить свою репутацию? Или я готов позволить кому-то другому иметь всё то, для чего я трудился, чего я достиг, о чём я молился? Всё зависит от того, любите ли вы себя больше, чем ребенка, или ребенка больше, чем себя.

Когда в следующий раз вы столкнетесь с подобной ситуацией, то будете способны оценить, насколько реальна ваша любовь. Если вы готовы отдать то, что любите, в таком случае ваша любовь реальна. Если вы требуете себе половину, то вы не любите.

Теперь я хотел бы обратиться к одной истории, которая произошла с Авраамом, и была описана в 13 главе Бытия. Повинуясь слову Бога, Авраам вышел из Ура Халдейского, однако он был послушен Господу не во всём. Мы читаем в Бытие 12:1 указание Божье:

Пойди из земли твоей, от родства твоего и из дома отца твоего в землю, которую Я укажу тебе.

Но Авраам не полностью повиновался Богу, поскольку взял с собой своего отца и своего племянника. Он не имел права брать кого-либо из своей родни. И поскольку он взял с собой своего отца, то преодолел всего половину пути. Он дошел только до Харрана, который находится лишь на полпути из Ура в Ханаан. Он не мог двигаться дальше, пока не умер его отец.

Насколько многие из нас похожи на него! Бог говорит: «Пойди, оставь всё, *и Я покажу тебе твое наследие»*. Но мы хотим и «папулю» захватить с собой. Дорогим сердцу «папулей» может быть членство в деноминации, или гарантированная пенсия, или обещанное повышение по службе, или хорошо оплачиваемая работа. Причин может быть несколько и даже много. Как бы там ни было, Бог говорит: «Поскольку вы взяли с собой «папулю», то пройдете только полпути». Даже Авраам не мог войти в Ханаан, пока с ним был его отец. Стефан указывал на это, выступая перед синедрионом, Деяния 7:4:

...по смерти отца его, переселил его Бог в сию землю...

Однако даже после этого у Авраама всё еще оставалась проблема – племянник по имени Лот, которому не следовало быть вместе с ним. И вскоре после выхода из Харрана они оба, Авраам и Лот, достигли процветания. Оба обзавелись таким большим количеством скота и имущества, что не могли больше жить бок о бок, как прежде. Между их пастухами возникали споры, которые вскоре стали постоянными. О том, что случилось дальше, мы читаем в 13 главе Бытия, начиная с 7 стиха:

И был спор между пастухами скота Аврамова и между пастухами скота Лотова; и Хананеи и Ферезеи жили тогда в той земле. И сказал Аврам Лоту: да не будет раздора между мною и тобою, и между пастухами моими и пастухами твоими, ибо мы родственники; не вся ли земля пред тобою? отделись же от меня: если ты налево, то я направо; а если ты направо, то я налево.

Авраам был старшим; он был тем, кого призвал Бог, он был тем, кому принадлежало наследие, однако он отошел в сторону и сказал: «Лот, можешь делать свой выбор. Что ты выберешь, то и будет твоим».

Лот возвел очи свои и увидел всю окрестность Иорданскую, что она, прежде нежели истребил Господь Содом и Гоморру, вся до Сигора орошалась водою, как сад Господень, как земля Египетская; и избрал себе Лот всю окрестность Иорданскую; и двинулся Лот к востоку. И отделились они друг от друга. Аврам стал жить на земле Ханаанской; а Лот стал жить в городах окрестности и раскинул шатры до Содома.

Жители же Содомские были злы и весьма грешны пред Господом.

Теперь читаем, что произошло после того, как Лот отделился:

И сказал Господь Авраму, после того как Лот отделился от него: возведи очи твои и с места, на котором ты теперь, посмотри к северу и к югу, и к востоку и к западу; ибо всю землю, которую ты видишь, тебе дам Я и потомству твоему навеки...

Пред ним простиралось его наследие. Но пока он не был готов уступить, Бог не показывал ему этого наследия. Пока мы не уступаем и продолжаем заявлять «это моё, *я не отпущу это*», до тех пор мы не видим то, что Бог имеет для нас. Обретает наследие уступающий дух. Не захватывающий дух, не забирающий силой дух. Пока вы продолжаете говорить «это мое, и вы не сможете отобрать это у меня, Бог дал это мне», вы не получите того, что Бог действительно имеет для вас. Вы должны уступить.

В таких случаях моя жена Лидия вспоминала один случай, который произошел до нашего брака в Палестине. Дело было во время Второй Мировой войны. Она жила в то время в небольшом городе Рамалле в десяти милях к северу от Иерусалима. Основным её служением было воспитание приемных детей, но в то время среди арабских женщин города произошло пробуждение. И это пробуждение пришло не от людей, но от Бога, хотя Господь использовал мою жену в качестве Своего инструмента. Эти арабские женщины приходили прямо с улицы. Они приходили такими как есть, и обращались ко Христу, получали спасение, освобождение от злых духов и крещение Святым Духом – всё сразу. Это служение процветало и росло, будучи свидетельством Божьей благодати.

Однако затем один миссионер, живший в Иерусалиме, заявил свои права на это служение. Он прислал своего служителя-араба с такими словами: «Это наш труд. *До того, как вы* поселились здесь, у нас в этом городе уже был служитель». В действительности этот служитель не достиг никакого сколько-нибудь значительного постоянного плода. В то время как Лидия нашла понимание и любовь среди этих женщин. Она любила их, а они отвечали ей взаимностью. Я был свидетелем тому, что спустя двадцать пять лет, когда мы вместе вернулись в это селение, и эти женщины услышали о приезде моей жены, они выбежали на улицу, чтобы обнять и поприветствовать её. Они не забыли её через двадцать пять лет!

Но тогда, столкнувшись с таким требованием служителя-мужчины, который выступил против одинокой женщины, она сказала как Авраам: «Хорошо, ваш выбор. Если вы налево, то я направо; а если вы направо, то я налево». Тот миссионер сказал: «Это наш труд, мы берем его». Моя жена сказала арабским женщинам: «Мы больше мы не будем собираться у меня. Собрания будут проходить вот по такому адресу. Идите туда, будьте верны и поддерживайте этот труд». Через пару лет работа там полностью развалилась, поскольку служитель, который был прислан вести её, не имел призвания к этому от Бога. Это был не его труд. Но, подчинившись в этой ситуации, моя жена одержала свою личную победу.

Спустя несколько месяцев, а это было во время войны, начало происходить следующее: английские и американские солдаты, проходившие службу в странах Ближнего Востока, начали находить дорогу к этому маленькому дому в Рамалле. Они приходили туда, ища Бога и крещения Святым Духом. И на протяжении следующих трех-четырех лет десятки и десятки американских и английских военнослужащих нашли Бога и были крещены Духом Святым в этом маленьком детском доме.

В то время я и сам служил в британской армии в Северной Африке. И вот командование направило меня в Судан. Вы знаете, где находится Судан? – почти в центре Африки. Однажды я повстречал одного солдатахристианина, который сказал: «Если ты хочешь получить настоящее благословение, есть один маленький детский дом в десяти милях к северу от Иерусалима – тебе следует поехать туда!» Поэтому, когда подошла моя очередь на двухнедельный отпуск, я спустился вниз по Нилу до Каира, и оттуда добрался до Иерусалима. В конце концов, оказался в том маленьком детском доме. И получил благословение даже большее, чем ожидал, – я нашел свою будущую жену.

Однако суть этой истории такова: по традициям и обычаям Востока, арабским женщинам ни в коем случае нельзя было бы находиться в доме, куда приходят английские и американские военнослужащие. Если бы моя жена продолжала держаться за служение женщинам, тогда солдатам путь был бы закрыт. Но когда мы уступаем, тогда получаем продвижение. Многие из тех, кто посетил этот дом, включая меня самого, сегодня находятся в служении по всему миру – миссионеры, пастыри и т.д. Одни – в Соединенных Штатах, другие – в Британии, третьи – в Южной Африке.

В этом урок: вы должны быть готовы отдать. Это выглядит неправильно, неразумно, несправедливо! Ну и что? Бог устраивает это. Он держит всё под Своим контролем. В этом проявляется наша вера и доверие Ему!

«ВОЗЬМИ СЫНА ТВОЕГО...»

Давайте опять вернемся к Аврааму. Четвертая глава Послания к Римлянам говорит о шагах веры Авраама. И для меня стало очень ясным одно – то, что вера это не статическое положение. Это не просиживание церковных скамеек со словами: «У меня есть вера». Вера – это движение, в котором один шаг следует за другим. Авраам назван отцом всех тех, кто верует, – ЕСЛИ МЫ ИДЕМ по следам веры его.

Вера Авраама была возрастающей. Если вы прочтете с 12 по 22 главу Бытия, то увидите, как изменялась и развивалась его вера. В 22 главе его вера достигла кульминации. И то, что он смог совершить в 22 главе, он никогда не сделал бы в 12-й. Его вера достигла своего апогея только потому, что каждый раз, когда Бог говорил «сделай это», – Авраам делал этот шаг. Каждый раз, когда Бог бросал ему вызов, он принимал его. Так он развил свою веру. Послание Иакова 2:22 говорит:

...вера содействовала делам его и делами вера достигла совершенства.

Вера принимается как дар, но она достигает зрелости, благодаря шагам послушания.

Как бы там ни было, Авраам был такой же человек, как все мы. Он тоже делал свои ошибки. Бог обещал дать ему сына-наследника, который унаследует всё. Но, как вы знаете, обещанное задерживалось. Прошло двенадцать лет, но наследника не появилось. Саре уже было 78 лет, и с её точки зрения ситуация была безнадежной. Наконец она сказала: «Если мы всё ещё хотим ребенка, нам надо что-то предпринять для этого». Для нас, имеющих дело с Богом, едва ли есть более опасные слова, чем: «Хорошо бы что-то предпринять по этому поводу».

Тем не менее, Авраам внял совету своей жены, что было ошибкой, и заимел ребенка от Агари, служанки Сары. В этом не было ничего аморального. По обычаям того времени всё было правильно, морально и прилично. Но это не было Божьим планом. Имя ребенка было Измаил, и он, в действительности, стал отцом сегодняшних арабов Ближнего Востока.

Затем родила уже сама Сарра – она родила Исаака, сына обетования, которого Бог действительно намеревался дать ей позже. После этого вот уже на протяжении четырех тысяч лет постоянные трения между потомками этих двух сыновей Авраама – Измаила и Исаака – создают напряжение, которое в наши дни подходит, видимо, к своей наивысшей точке. Ирония истории – потомки Измаила сейчас становятся самым большим препятствием для потомков Исаака, возвращающихся в свое обетованное наследие. История не может дать более ясного урока: ОПАСНО ЗАХВАТЫВАТЬ ДАННОЕ БОГОМ НАСЛЕДИЕ ПЛОТСКИМИ СРЕДСТВАМИ.

Мой друг Чарльз Симпсон говорит так: «Плод человеческой целесообразности – это Измаил». Когда вы решаете, что вам следует что-то сделать, чтобы помочь Богу, – Господи, будь милостив к вам! Я планировал сделать кое-что в прошлом году и зашел довольно далеко в осуществлении своих планов. Но затем мы беседовали с Бобом Мамфордом на эту тему, и я признался: «Сказать по правде, я не думаю, что буду делать это». Он спросил: «Почему нет?» – «Боюсь, что это будет Измаил. А мне бы не хотелось потом жить вместе со своим Измаилом», – ответил я и увидел, что этот пример произвел на него впечатление.

Спустя некоторое время, когда мы опять встретились, он спросил: «Вы не могли бы сказать мне, что изменило Ваше мнение по тому делу?» – «Страх Божий», – ответил я и увидел, что ответ удовлетворил его.

Могу искренне сказать, что стараюсь жить в страхе Господнем. Я не хочу делать что-нибудь, что может огорчить Бога, стать на Божьем пути. Я желаю ходить с Господом, чутко прислушиваясь к Нему. Поэтому я отложил того «Измаила» в долгий ящик, где он и по сей день!

Здесь я нахожу следующий урок: то, что мы считаем хорошим, те вещи, которые нам кажутся правильными, но которые являются лишь результатом человеческих усилий, – в них кроется наибольшая опасность. Боже, сохрани нас от этого! Боже, сохрани меня от этого! Боже, сохрани вас от этого! Боже, сохрани всех нас от произведения на свет еще одного Измаила! Потому что, братья и сестры, вы будете жить, сожалея об этом. Речь не идет о чём-то конкретном. Я не знаю ваших планов и намерений, я просто знаю, что всякий, кто родит Измаила, произведет на свет горе.

Какое самое большое испытание ставит перед нами Бог? Говоря одним словом? – **ОЖИДАТЬ!** – правильно! Когда Бог говорит вам взбираться на гору, вы начинайте делать это сразу же! Но когда Бог говорит вам сидеть у её подножия и ждать, – вот тут начинаются трудности!

Вероятно, самая духовно зрелая личность в Библии – это Моисей. Как он достиг духовной зрелости? – сорок лет скитаясь по пустыне. Хотели бы вы быть похожими на Моисея? И кем он стал в результате этого? Наикротчайшим человеком на земле. Моисей не отстаивал свои права, он отступал назад и говорил: «Пусть кто-нибудь другой сделает это...». Я чувствую себя в безопасности, когда могу сказать со всей искренностью: «Ну что ж, пусть мой ребенок достанется другой». О, я чувствую себя в такой безопасности! Но когда я нервничаю, борюсь и не хочу ничего выпускать из своих рук, то я на пути к бедствию.

Давайте вернемся к 22 главе Бытия. Бог сказал Аврааму во 2 стихе:

...Возьми сына твоего, единственного твоего, которого ты любишь, Исаака; и пойди в землю Мориа и там принеси его во всесожжение на одной из гор, о которой Я скажу тебе.

Гора Мориа была на расстоянии трех дней пути от того места, где жил Авраам. И обратите внимание, что Авраам не просто слушался Бога – он слушался незамедлительно. Это очень хорошо видно в его действиях. После того, как Авраам получил это слово, то на следующий день он встал рано утром и сделал то, о чём ему было сказано. Он не лежал на постели до полудня, надеясь – вдруг Бог передумает. Следующим утром он был уже на пути к горе Мориа вместе со своим сыном. Вы знаете эту историю. Они поднялись на гору, и там Исаак спросил: «Отец мой, вот огонь и дрова, где же агнец?» Авраам ответил: «Бог усмотрит агнца».

В 19 стихе 11 главы Послания к Евреям сказано, что Авраам верой был готов принести в жертву своего сына Исаака:

Ибо он думал, что Бог силен и из мертвых воскресить...

Если вы внимательно прочтете 22 главу Бытия, то поймете, почему в Послании к Евреям сказано так. Потому, что Авраам сказал сопровождавшим их людям, которых они оставили у подножия горы: «МЫ пойдем туда, МЫ поклонимся и МЫ вернемся». Благодарение Богу! Авраам действительно верил, что даже если он вонзит в сына нож, они оба живыми спустятся с горы. Он был действительно готов убить сына чуда, который был единственной надеждой обещанного ему Богом наследия, веруя, что Бог вернет его к жизни.

И когда он занес над головой нож для удара, Бог воззвал к нему с небес. И Авраам обнаружил, что Бог действительно приготовил жертву – поблизости оказался овен, запутавшийся рогами в чаще. Он и был принесен в жертву вместо сына. А затем Ангел Господень воззвал к нему вторично (15 стих):

И вторично воззвал к Аврааму Ангел Господень с неба и сказал: Мною клянусь, говорит Господь, что, так как ты сделал сие дело, и не пожалел сына твоего, единственного твоего, то Я благословляя благословлю тебя и умножая умножу семя твое, как звезды небесные...

Странно, не правда ли? Исаак был Божьим даром Аврааму и Сарре. Они никогда не имели бы его без чудесного вмешательства Божьего. Он был рожден в результате сверхъестественного чуда. И вот этого самого ребенка, дарованного им Богом, Он хотел забрать обратно к Себе через жертвенное всесожжение.

Однажды мое сознание пленил образ Авраама, идущего на гору Мориа. Не буду углубляться в то откровение, поскольку у меня есть книга об этом. Скажу лишь, что я пытался поставить себя на его место и вникнуть в его размышления и переживания тех трех дней пути: «Почему Бог хочет забрать Исаака? Разве не *Сам* Бог дал нам его? Разве он не тот, кто был обещан? Разве он не та единственная дверь, через которую мы сможем войти в наше, данное Богом, наследие? Не теряем ли мы всё вместе с ним? Разве мы не следуем Божьей воле? Разве мы не повинуемся Господу? *Почему Он требует Исаака?*»

Не знаю, думал ли он так, задавал ли сам себе такие вопросы. Но когда он пришел к месту, где готов был совершить то, что сказал Бог, то Господь обратился к нему с такими словами:

«Всё правильно: теперь Я знаю твое сердце. Отныне, Авраам, Я благословлю тебя так, как никогда прежде. И размножу твое семя». Что было его семенем? – Исаак. Видите ли вы этот урок? Если бы он удерживал Исаака, то всё, что у него было бы, это только Исаак. Когда же он отдал Исаака, то получил его обратно во столько крат умноженным, что не смог бы и сосчитать.

Мне довелось наблюдать эту истину в действии. Вот Бог дает нам что-то очень ценное: это – от Бога, уникально и чудесно. Но однажды Господь желает сказать: «Я хочу это! Верни Мне это! Убей это! Положи это на жертвенник!» И тогда вы либо пойдете по стопам Авраама, либо упустите Божье благословение.

Должен сказать, что видел много служителей Господа, которые совершают эту горькую ошибку, держась за Исаака, и всё, что остается у них, – это Исаак. Полагаю, что самым большим испытанием для любого служителя Божьего является то, согласен ли он положить свое служение на жертвенник.

Оглядываясь назад, я вижу подобные испытания в моей собственной жизни. Многие из вас знают, что я был глубоко вовлечен в служение освобождения, и благодаря этому многие узнали обо мне. Я могу повторить слова Павла и сказать, что «боролся с дикими зверями» за истину освобождения. Я боролся физически и духовно, я боролся в молитве и в посте.

Но пришло время, когда Бог соединил меня с тремя другими братьями, известными в Америке библейскими учителями. Сам Господь свел нас вместе в отношения взаимного посвящения и повиновения. В этом была суверенная работа Божья с каждым из нас в отдельности и со всеми вместе – мы не планировали, не ожидали, и даже не понимали этого. Поэтому должен сказать, что это несло в себе все признаки Исаака, а не Измаила.

Мне не хотелось широкой рекламы для служения освобождения, потому что это отпугивало от нас некоторых людей. Но люди продолжали искать освобождение, и оно продолжало происходить. Нравилось это кому-то или нет – это действительно происходило.

Но я осознал, что мое посвящение братьям-служителям охватывает и мое служение освобождения. Это означало подчиниться им. И наступил такой момент, когда я сказал моим братьям: «Братья, если вы находите мое служение освобождения несоответствующим Писанию или неправильным и возражаете против него, то я не буду более практиковать его». И не думайте, что это ничего мне не стоило. Это стоило мне очень многого.

Однако сегодня я славлю Бога за те результаты, которые из этого последовали. Прежде всего, мои братья никогда не просили меня прекратить практическое освобождение. Наоборот, они поддерживали и укрепляли меня. Когда я подвергался публичным нападками, они стояли за меня, зачастую – даже ценой своей собственной репутации.

Но после всего этого нечто произошло со служением освобождения по всей стране, чего я один никогда не смог бы добиться своими собственными усилиями. Когда я отдал Богу моего Исаака, Он умножил его. Сегодня служение освобождения заняло свое место и распространилось практически по всей Америке. Я могу бывать всюду в США и проповедовать освобождение, и везде есть квалифицированные посвященные служители Божьи, которые выполнят этот труд. Фактически в последнее время мне самому очень редко приходится служить в освобождении. Но, поверьте мне, всего этого не было каких-то десять лет назад (эта книга была впервые опубликована в 1977 году, – прим. ред.)! Оглядываясь сейчас на то время, я благодарю Бога, что был готов отдать Ему моего Исаака и позволить умножить его. Я уверен, что если бы удержал моего Исаака, оставался бы и сегодня только с моим служением, изолированным от Тела Христова и от основных Божьих целей.

Прочтем слова Иисуса в Евангелии от Иоанна 12:24:

Истинно, истинно говорю вам: если пшеничное зерно, пав в землю, не умрет, то останется одно; а если умрет, то принесет много плода.

Я всегда относил эти слова к смерти Христа, и нет сомнения, что это правильно. Иисус был тем пшеничным зерном. Он согласился положить Свою жизнь; Он пал в землю, был погребен, и Его смерть, погребение и воскресение произвели намного больше плода.

Но совсем недавно я размышлял над этими словами. Я начал видеть себя и моих верующих братьев, как бы каждого из нас, держащего в своей руке маленькое зернышко, которое Бог поместил туда: наш дар, наше служение, наш талант – нечто драгоценное, потому что это было даровано Богом.

Вы говорите: «Это моё. *Я могу делать это. Я знаю, как изгонять бесов. Я могу молиться за больных. Я получил слово знания*». Так приятно держать это в своей руке, чувствовать его там и говорить: «Это – моё». Но Бог говорит: «Если вы держите его там, в таком случае это всё, *что у вас есть... Лишь одно маленькое* зернышко». Вы можете написать на нем свое имя или прикрепить свою этикетку, можете доказывать, что оно принадлежит вам, – но вы никогда не получите большего.

В чём же альтернатива? – разжать пальцы! отпустить его и позволить ему упасть! «Вы имеете в виду, что я должен позволить моему служению уйти? Отпустить мой талант? Не держаться моего дара?» – да, отпустите это! Позволить этому упасть в землю, быть похороненным, скрыться из виду. Тогда вы уже не будете владеть этим. Однако вот что я вам скажу: Бог позаботится об этом семени. И Бог гарантировал плод.

Я верю, что есть некий момент истины в жизни, через который мы должны прийти. Многие из нас столкнутся с этим выбором. Хочу ли я раскручивать себя? Хочу ли я укреплять собственную репутацию? Хочу ли я создать МОЁ служение, МОЁ евангелизационное служение, МОЮ школу, МОЙ молодежный центр, МОЙ центр освобождения? Заинтересован ли я в том, что это будет моим? Готов ли я, как та настоящая мать, уступить тому, кто настойчиво оспаривает мое право на обладание чем-то, и отдать своё дитя со словами: «Пусть оно будет твоим?» Действительно ли я люблю это или я люблю себя? Это вопрос очень глубокий.

Что бы Бог ни дал вам, я верю, что придет

такой час, когда Он попросит вас позволить этому уйти, разжать пальцы – позвольте этому упасть. Благословен Бог наш! Я знаю, что это слово не пройдет мимо внимания некоторых из вас! Я чувствую внутренний отклик в Духе. Хвала Богу, вы рады решению позволить этому уйти! Лично я рад, что позволил многому уйти. Если бы я продолжал нести всё это на себе, то эта ноша прижала бы меня к земле.

«ЕСЛИ ПШЕНИЧНОЕ ЗЕРНО...»

Многие проповедники слишком заняты. Я тоже занят, но не слишком. Знаете ли вы, что быть слишком занятым – это недуховно? Это может производить впечатление на людей, но это не духовно. Бог делает из вас только одного человека, и вы никогда не будете хорошо выполнять работу двоих, как бы упорно ни трудились.

Я читал небольшую статью Джейми Бэкингема о его решении отказаться делать «срочное» для того, чтобы делать «важное». Большинство проповедников так обременены выполнением срочного, что им некогда заняться важным. Одна из наиболее важных молитв записана в Псалме 89:12:

Научи нас так счислять дни наши, чтобы нам приобрести сердце мудрое.

«Научи меня использовать моё время». Вот одно из того, что меня больше всего впечатляет в Иисусе. Он никогда не суетился. Он никогда не торопился. Он никогда не был слишком занят. Фактически, когда я делаю себя незаменимым, необходимым, то это проявление моего внутреннего эгоизма. Большинство людей в действительности не хотят быть замененными. Поскольку я коснулся этого вопроса, то скажу вам, что мой величайший триумф наступает тогда, когда мое дело делается без меня самого. Тогда я действительно преуспел!

Я расскажу вам небольшую историю, которая произошла на самом деле. Она носит настолько личный характер, что мне следует быть очень осторожным. Однако результат этого продолжает действовать во всей моей последующей жизни.

В июне 1971 года я поехал в город Сиэтл (штат Вашингтон) принять участие в общении служителей. Там присутствовали Дон Бэшем, Боб Мамфорд, Чарльз Симпсон, Ларри Кристенсон, Ральф Вилкерсон, Девид ДюПлесси, Дэннис Беннет, Эрн Бакстер и многие другие известные в стране учителя пятидесятническо-харизматического на-правления. Это общение длилось пять дней. Каждое утро и практически каждый день после обеда мы собирались для дискуссии. Это было достаточно интересно. Полтора дня мы провели, жарко дискутируя о бесах. Два дня потратили на обсуждение водного крещения. Если вы преодолели эти два вопроса, то вы уже совершили большой прогресс!

Но собрать так много проповедников в далеком северо-западном углу Соединенных Штатов стоило довольно дорого, и устроители встречи не имели достаточно средств, чтобы оплатить все возникающие затраты. Тогда они сказали: «Братья, мы не обещаем, но постараемся собрать деньги, чтобы оплатить ваши расходы». Для этой цели они организовали открытые служения – каждый вечер в пяти стратегически расположенных для проповеди местах в окрестностях Сиэтла и в нем самом. Они направляли каждый вечер двух или трех свободных проповедников на открытое собрание. Каждое из этих мест было заполнено до отказа, и так происходило каждый вечер еще до начала служения. И реакция людей была потрясающей.

Когда наша встреча закончилась, то я задержался в Сиэтле для того, чтобы провести служение в одной из церквей «Ассамблеи Божьей» как раз на выходные. Таким образом, я имел возможность услышать отзывы местных служителей относительно этих служений. Поскольку раньше я служил пастором церкви в Сиэтле, то знал многих из них, и знал, что они, не стесняясь, выскажут мне свое мнение. И они все засвидетельствовали следующее: «Насколько мы знаем, еще ни одно служение не оказало такого влияния на весь наш город, как эти служения». Однако комизм данной ситуации с человеческой точки зрения заключался в том, что они не были организованы для того, чтобы оказать влияние на Сиэтл. Они были организованы для сбора денег, необходимых на оплату расходов проповедников. Вот на самом деле для чего они были организованы!

В понедельник утром я вылетел в самолете из Сиэтла в Атланту, чтобы участвовать в очередных служениях. Откинутое кресло в летящем самолете, как некоторые из вас убедились, одно из лучших мест для размышлений. Телефона там нет, никто не может побеспокоить вас. Вы просто усаживаетесь поудобнее в своем кресле и куда-то летите.

Итак, сидя там, я размышлял и говорил сам себе: «Не странно ли это? Служения, не запланированные для того, чтобы оказать влияние, произвели его гораздо больше, чем служения, специально организованные для этого». И в этот момент Господь неслышимым голосом, но очень ясно, спокойно и четко начал говорить ко мне: «Скажи Мне, с кем у Меня было больше проблем – с Ионой или жителями Ниневии?» Я подумал и сказал: «Господи, когда Ты смог развернуть Иону, *у Тебя не было проблем с Ниневией*». И Он сказал: «Когда Я выправил путь проповедников, у Меня не было проблем с людьми!» Я имею право рассказать эту историю, потому что и сам являюсь проповедником. Господь не сказал: «Когда я исправил других проповедников...». Я понимал, что я тоже – в их числе.

После этого я прибыл в Атланту и там принял вторую часть откровения. В Атланте я проводил собрания в одном из отелей. В перерыве между утренним и вечерним служениями мне предложили отдохнуть в одном из номеров этого отеля. Я прилег, и в тот момент мое сознание было более или менее незагруженным. Я обнаружил, что когда наше сознание чисто, то Богу легче овладевать нашим вниманием. И в мое сознание пришли слова – это было настолько четко, как если бы они были напечатаны на чистом листе бумаги. Я запомнил их и тот порядок, в котором они пришли: «От Хорафа *в* Сарепту; *из* Сарепты на Кармил; *с* Кармила на Хорив, а с Хорива во многие жизни». Я достаточно хорошо знаю Библию, чтобы сразу узнать названия, которые связаны с жизненным путем Илии и наиболее успешными этапами его служения: от Хорафа к Сарепте, затем к горе Кармил и к горе Хорив. Я начал очень тщательно анализировать детали тех событий, и было чрезвычайно очевидно, что кульминация публичного служения Илии произошла на горе Кармил. Там он собрал весь Израиль; там он бросил вызов 850 лжепророкам; он вызвал огонь с неба и видел, как весь Израиль «пал на лицо свое и сказал: Господь есть Бог, Господь есть Бог!» (3 Царств 18:39). И если когда-то какой-либо человек имел свой личный триумф, то это был Илия на Кармиле.

Но затем Господь показал мне, что через пару дней Илия уже убегал от Иезавели, женщины и ведьмы, и просил Бога забрать его жизнь. Насколько коротким и изменчивым оказался триумф на горе Кармил! Тогда мне пришла такая мысль: если бы Бог ответил на просьбу Илии и взял его жизнь в этот момент, то Илия должен был бы умереть, не имея никакого духовного приемника или последователя. Не было бы никого, кто мог продолжить и завершить его дело. Но когда Илия был приведен на гору Хорив и предстал лицом к лицу перед Богом, то узнал, что у Бога совсем иной план, чем у него.

Бог сказал: «Что ты делаешь здесь, Илия?» Илия отвечал: «Возревновал я о Господе». И он начал перечислять все свои дела и достижения. Господь говорит: «Я знаю это, Илия, но зачем ты здесь?» И когда Илия закончил рассказывать о своем, тогда Господь открыл Ему Свое намерение, и открыл пророку следующее, что Он хотел поручить ему сделать: «Я хочу, чтобы ты помазал трех человек – Елисея в пророка вместо тебя; Азаила в царя над Сириею; Ииуя в царя над Израилем». Если вы прочитаете последующие главы, то обнаружите, что эти три человека, имена которых были названы во время диалога между Богом и Илией на горе Хорив, завершили выполнение всех задач, которые Бог дал Илие. Было завешено всё, что он должен был сделать. Он не мог сделать этого сам. Но он, под Божьим руководством, нашёл преемников и передал это в их руки.

Когда всё это прошло через мой разум, я осознал, что Бог обращается прямо ко мне. Он показал мне, что у меня есть две возможности. С одной стороны я могу делать свое собственное дело, продолжать вести свое собственное служение, используя ту веру и ту силу, которые Он дал мне, и насколько я сам могу это делать. При этом я смогу достичь определенного личного триумфа. Но на мне всё и закончится, и в моем служении не будет пребывающего плода.

И этому есть только одна альтернатива, которую Бог показал мне. Не преследовать свои амбиции, не продвигать свое собственное служение, не делать своего собственного дела, но вкладывать в жизнь других людей. Позволить им получить кредит доверия. Уступить им в том, что и не следует удерживать. Позволь им быть успешнее себя. И я сказал: «Благословен Бог, я верю, что они будут более успешны». И я говорю это от всего сердца.

Я всегда в определенном смысле был человеком успешным. Я не хвалюсь этим, но, оглядываясь назад, могу сказать, что с девятилетнего возраста я был лидером в школе, лучшим учеником, самым молодым ученым в университете и т.д.. В меня вложено ожидание успеха. Но Бог показал мне, что есть более высокий стандарт успеха. Для этого надо позволить этому маленькому пшеничному зерну, которое вы держите в вашей руке, упасть в землю и умереть. И Бог позаботится о плодах.

Говорю вам, что, наверное, я намного свободнее многих людей, потому что могу уйти и довериться Богу, что Он будет действовать дальше. Я не переживаю, если никогда больше не изгоню ни единого беса. Если Бог этого не хочет от меня, то я заинтересован в этом меньше всего. Скажу вам, что мои критики намного более обеспокоены бесами, чем я. Если я больше не напишу ни одной книги, если Бог так поведет меня, что я должен буду исчезнуть с глаз публики, – я спокойно соглашусь с этим. Если я уже сделал тот вклад, который должен был сделать, то это прекрасно. Я даже не знаю, велик ли мой вклад, – а я и не должен этого знать. Но что имею, я готов отдать, готов позволить этому упасть. И я очень счастлив и воистину свободен. Я знаю, что означает двигаться в свободе; я знаю, что означает проповедовать свободу, и лучшее, что может быть, – это быть свободным. И сегодня я со всей искренностью могу сказать перед Богом: «Я свободен!»

ОТПУСТИТЬ

Однажды меня заинтересовало слово «тайна» и все, что с ним связано в Библии. Например, в 1 Послании к Коринфянам 2:7 Павел говорит:

...но проповедуем премудрость Божию, тайную, сокровенную...

Итак, здесь говорится о тайной премудрости Божьей, скрытой от сознания большинства людей. И у меня возникает глубокое желание проникнуть в эту тайну, скрытую премудрость!

В Псалме 50:8 Давид говорит:

Вот, Ты возлюбил истину в сердце и внутрь меня явил мне мудрость.

В других переводах сказано:

Ты желаешь истины внутри. В тайном месте Ты открыл мне мудрость.

Обратите внимание на фразу: «мудрость в тайном месте». Вероятно, именно на нее ссылается Павел в 1-м Коринфянам 2:7, говоря о мудрости Божьей сокровенной – скрытой в тайном месте.

Для меня есть нечто особо привлекательное во всём этом – тайное место, сокрытое знание, тайная мудрость. Если вы хотите оказаться там, то для этого есть одно условие. Если что-то сокрыто – то оно находится вне нашего поля зрения. Поэтому, если мы хотим пребывать в тайном месте и найти эту сокрытую мудрость, то мы должны быть готовы исчезнуть из вида. Ваш собственный характер, ваша репутация, ваши заслуги – всё ваше эго должно уйти в тень. Мы должны отпустить их – позволить им упасть в землю и умереть.

Подумайте о жизни Иисуса. Он провел около тридцати лет, живя совершенной семейной жизнью, три с половиной года – в открытом служении и почти 2000 лет – в ходатайстве. Готовы ли вы к таким пропорциям? Видите ли, люди, которые правят миром для Бога – это ходатаи. И о большинстве из них вообще никто не знает. Готовы ли вы раскланяться и удалиться со сцены?

Каким было последнее появление Иисуса на публике, перед глазами всего мира? Растерзанный и умирающий на кресте, как преданный позорной казни преступник. Как Он снова появился на земле живых? В служении Его учеников. Он пал в землю, умер и произвел плод. Готовы ли вы к этому? Готов ли я к этому? Или вы сегодня ухватились за своего Исаака? «Боже, Ты дал его мне, – говорите вы, – он мой». Бог говорит: «Отдай его назад. Положи на жертвенник. Возьми нож». Бог говорит: «Если ты отдашь его Мне так, как

Я этого захочу, когда Я этого захочу, как Мне будет угодно, то Я благословлю его и умножу его намного больше, чем ты способен понять и высчитать».

Много лет назад я сказал Господу, что не хотел бы просто читать религиозные лекции ради самих лекций, но когда я проповедую что-то, то хотел бы давать людям возможность действовать в истине, которая им открылась. И мне бы хотелось дать такую возможность и вам. Я не люблю давить на людей, но полагаю, что среди вас не должно остаться никого, кто продолжает держаться за своего Исаака: «Боже, это моё. *Я построил это. Я основал и утвердил это».* Возможно, ваш Исаак – это действительно ребенок, за которого вы держитесь. Бог говорит: «Мог бы ты отойти и предоставить его Мне?» Возможно, это определенный дар, служение или какая-то особая ситуация в вашей жизни. Если Бог истинно говорит к вашему сердцу, то я бы хотел предоставить вам возможность принести вашего Исаака и положить его на жертвенник.

Склоняясь в молитве, без всякого давления, если Бог говорит к вашему сердцу, опуститесь на колени и отдайте Богу вашего Исаака!

Боже, я молюсь о тех, кто несчастен, раздражен, находится в напряжении, потому что они отстаивают свою собственную волю, свои собственные права на что-либо, что Ты дал им. Возможно, это служение или какой-то дар, может быть, это жизненная ситуация или какой-то человек. Господь, я просто прошу, чтобы Ты Своим Святым Духом дал благодать этим людям, чтобы они смогли разжать руки, принести этого Исаака, передать его Тебе и положиться на Тебя в том, что Ты позаботишься о всех последствиях этого посвящения. Во имя Иисуса!

Аминь.

Дерек Принс

БЛАГОДАТЬ УСТУПЧИВОСТИ